L'ESPRIT DES RACES JAUNES

LE TAOÏSME

ET LES

SOCIÉTÉS SECRÈTES CHINOISES

PAR

MATGIOI
(A. DE POUVOURVILLE)

PRIX
50 centimes

PARIS
ÉDITION DE L'*INITIATION*
5, RUE DE SAVOIE, 5

1897

L'ESPRIT DES RACES JAUNES

LE TAOÏSME

ET LES

SOCIÉTÉS SECRÈTES CHINOISES

PAR

MATGIOI

(A. DE POUVOURVILLE)

PARIS
ÉDITION DE L'*INITIATION*
CHAMUEL, dépositaire général
5, RUE DE SAVOIE, 5

1897

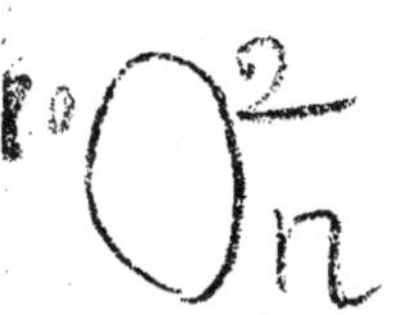

ŒUVRES DE MATGIOI

ÉTUDES COLONIALES

Éditeur : SAVINE, 14, rue des Pyramides

I. *Le Tonkin actuel*, 1 vol., 3 cartes, 2e édition.

II. *Deux années de luttes*, 1 vol. 2e édition.

III. *La politique indo-chinoise*, 1 vol., 2e édition.

IV. *L'Affaire de Siam* (1886-1896), 1 vol., 3 cartes, préface de Flourens, ancien ministre des affaires étrangères.

L'ESPRIT DES RACES JAUNES

I. *L'Art indo-chinois*, 1 grand vol., avec 117 gravures, dans la bibliothèque officielle des Beaux-Arts. Quantin, éd. : 3e mille.

II. *Les Livres sacrés et mystiques*, traduit du chinois :

A. — Le Tao, de Laotseu.

B. — Le Te, de Laotseu.

C. — Le Traité des Influences errantes, de Quangdzu.

(Bailly, éditeur, 11, Chaussée-d'Antin.)

III. *Les Sept éléments de l'homme*, 11 croquis. Chamuel, éditeur.

IV. *Les Sociétés secrètes chinoises*. Chamuel, éditeur.

VOYAGES

I. *Dans les seize chaüs* (*Journal des Missions Pavie*), 1888-89. Chamuel, éditeur.

Un point d'histoire coloniale. Le général Roste. Savine, éditeur. 2e mille.

L'Idée de patrie en Asie orientale. Mayeux, éditeur.

Notes sur la Marche, Baudoin, éditeur.

L'ESPRIT DES RACES JAUNES

LE TAOÏSME

ET LES

SOCIETÉS SECRÈTES CHINOISES

Je ne voudrais pas qu'on se trompât au titre de ce modeste exposé : je ne peux pas donner ici une idée, même restreinte, d'une religion aussi abstraite et touffue que le taoïsme ; je ne peux pas non plus divulguer ce que les sociétés chinoises ont de secret, ce qu'elles ne développent à leurs membres, à mesure qu'ils montent en grades et en considération, que sous le sceau du silence le plus formel, et sous les dernières menaces. Et je réserve, pour des jours moins occupés et plus tranquilles, la comparaison des dogmes orientaux et occidentaux, pour faire jaillir de ces enveloppes différentes les mêmes Principes triomphants.

Il ne faut donc voir ici qu'un aperçu très rapide sur la sorte dont une religion — non officielle bien entendu — peut servir de drapeau, et en même temps de rideau protecteur à l'ensemble d'une organisation mystérieuse parfaitement systématisée, et sur le rôle intellectuel et social que les chefs de semblables associations s'arrogent et remplissent, dirigeant du fond de leur ombre les événements publics, et troublant de leur anonymat plein d'embûches la politique intérieure et extérieure de l'Empire.

En même temps que leur intérêt, je voudrais que cette note excitât l'émulation de ceux qui l'auront attentivement lue et entièrement comprise. Pour l'homme vraiment doué, il n'y a pas de convenances de latitude ni de facultés particulières à une race. Dans le même état des nations, les mêmes éternels principes, pieusement cultivés dans le cœur des hommes, peuvent faire germer les mêmes idées, naître les mêmes dévouements, et départir à leurs constants efforts le même pouvoir, redoutable et caché, d'autant plus redoutable qu'il est mieux caché. Car la Puissance est la voie logique et naturelle des hommes énergiques, savants et silencieux.

*
* *

« Aimez la Religion : défiez-vous des religions. » Telle est la formule inscrite au fronton des temples ; tel est le premier précepte de la philosophie chinoise ; et la Religion universelle, par là même indiquée, est l'unique souci de leurs savants. Il n'y a pas de sectaires en Chine, à moins que l'on ne nomme tels les Chinois, que des ambitions antidynastiques ont fait musulmans dans le Sud, ou les pauvres diables et les vagabonds que les missionnaires christianisent avec des gros sous et des paquets de tabac. Le confucianisme n'est pas une religion : c'est une politique religieuse ; le bouddhisme n'est pas une religion (du moins dans son exportation) : c'est une morale religieuse (1). Il n'y a en Chine que la religion du génie intercesseur (paganisme mythologique), apanage de la foule, et le taoïsme (ésotérisme mystique et magique), apanage exclusif des lettrés et des savants. M'attarder à démontrer ici ces propositions prendrait un volume : il faut se résigner à les accepter comme évidentes, sur la foi de ceux qui savent, ou à en chercher les preuves dans les livres spéciaux (que j'indiquerai bien volontiers aux gens qui seraient curieux de ces recherches, et familiers de l'écriture idéographique chinoise). — Mais j'appuie sur ce fait que, politique, social et mystique, le taoïsme est aujourd'hui le seul ésotérisme qui ait ses prêtres reconnus et ses rites publics, et j'insiste là-dessus parce que c'est précisément à ce caractère qu'il doit d'être devenu le refuge et le centre de toutes les associations secrètes des races jaunes.

En voici la double raison : la première est que, au point de vue politique, le taoïsme enseigne précisément la doctrine que, plus tard et dans le domaine pratique, renouvelèrent les sociétés secrètes ; la deuxième est que, comme lesdites sociétés, le taoïsme est une religion à hiérarchie fermée. Examinons un instant ces deux faits :

1° *Les préceptes politiques*. — Par analogie avec

(1) Le bouddhisme, tel que le décrit savamment M. Chaboseau, n'est cultivé que dans l'Inde méridionale, avec les soins minutieux d'une plante rare.

les commentateurs de Fohi, les commentateurs de Laotseu étaient engagés à tirer, des préceptes de leur maître, une application politique : ils y sont entraînés par une loi qui semble générale ; les peuples en effet qui n'ont aucune part à l'activité de la chose publique extérieure font beaucoup de politique : les Belges, par exemple, les Suisses, les Suédois, et, je l'ajouterai, les Chinois. Chacun sait que le Yiking possède plusieurs sens et, entre autres, le sens politique qui, s'il n'est pas le plus relevé, est du moins le plus répandu. Or le Yiking, où il n'y a rien de subversif, révèle à Confucius les devoirs du roi envers les sujets, et jamais les obligations des sujets envers les rois. De même Laotseu a très nettement indiqué, en quelques phrases, que tout l'appareil dynastique, autocrate, oligarchique ou militaire, ne lui inspire qu'une dédaigneuse pitié, et que c'est en punition de leurs imperfections que les hommes sont réduits à être gouvernés par d'autres hommes (*Tao*, chap. XXVI, XXIX, — *Te*, chap. II). Et enfin il déclare que la royauté est un obstacle au bonheur de l'homme (1).

Il n'en fallait pas tant, et la doctrine politique issue du taoïsme est un socialisme relatif et mitigé. Dans leur action primitive, les enseignements du Tao s'adressaient à chacun en particulier ; chacun devait conserver ses sentiments dans son cœur, et, par

---

(1) Consulter les traductions françaises, parues chez Bailly, 11, rue de la Chaussée-d'Antin, du *Tao* et du *Te* de Laotseu, sous la collaboration d'un membre du collège hiératique du taoïsme.

suite, tous ces principes manquaient d'application. Mais le silence n'est une vertu bien pratiquée nulle part. Du jour où les conciliabules des disciples de Laotseu furent pratiques, ils devinrent ennemis de l'ordre de choses établi. Et donc tous les envieux de la dynastie impériale actuelle furent trop heureux de prendre l'étiquette de taoïstes et d'abriter leurs revendications matérielles sous un nom aussi glorieux et d'aussi respectables préceptes ;

2° Mais il est une autre raison qui a poussé au taoïsme les sociétés secrètes : c'est l'indépendance absolue de son rite et de sa hiérarchie. A proprement parler, la hiérarchie taoïste ne compte pas de prêtres et de desservants, puisqu'il n'y a pas de culte extérieur, ni de membres salariés et, par suite, fonctionnaires, puisqu'il n'y a pas de frais, ni de membres élus par le peuple, ou choisis par l'État, puisque le peuple ignore et que l'État ne paie pas. Le mot « prêtre » est ici bien impropre, car il ne célèbre pas mais enseigne. La science acquise est le droit du prêtre taoïste ; l'aveu des maîtres est son investiture ; son succès est sa consécration. Il n'a besoin de rien autre pour être en vénération à la foule des lettrés, et pour suivre, dans le monde, sa voie cachée.

L'enseignement de la science — dans le sens entier du mot — est leur seule fonction et la seule cérémonie du taoïsme. Il est évident que les formules volontairement abstraites, générales et impersonnelles, où se complaît l'enseignement de Laotseu, ont besoin d'une perpétuelle paraphrase. Elle est faite dans une glose, une tradition orale, qui est la même partout où le taoïsme s'enseigne. Ces docteurs qui portent le nom de tongsang (hommes qui voient clair), et s'occupent de la métaphysique et des problèmes que soulève l'enseignement de Laotseu, donnent l'enseignement classique du taoïsme.

A côté d'eux, sont les phutuy qui se distinguent d'eux par un caractère hiératique traditionnel. Toute philosophie s'est toujours sentie attirée par le problème de l'origine des dieux et de l'origine de l'idée de Dieu. De plus, elle gagne en influence si, par le mysticisme de ses dehors et la hiérarchisation de ses sacerdotes, elle émeut la religiosité du peuple. C'est pourquoi les adeptes de Laotseu firent à leur maître une place dans les temples, et eurent, pour l'honorer, sinon des rites et une liturgie, du moins une hiérarchie hiératique. Cette hiérarchie fut d'autant plus facile à installer que la solitude et l'étude, dont Laotseu fait un devoir à ses disciples, donnèrent naissance à des communautés, les unes cloîtrées, les autres errantes, dont les chefs devinrent rapidement des supérieurs spirituels. C'est de cette institution que les « phutuy » actuels sont les restes et les témoins.

Enfin, au dernier degré de la hiérarchie se tiennent les « phap », qui, en plus des sciences plus haut allusionnées, connaissent les toxicologies sacrées et profanes, et spécialement toutes les sciences divinatoires, depuis la métaposcopie jusqu'au sidersime. Les rites évocatoires tiennent ici une grande place, dans ce collègequi suit l'enseignement du Dragon, fantastique emblème, personnificateur de l'Empire du milieu, maître suprême et omniscient du chemin de la droite et du chemin de la gauche (1).

*
* *

Comment la science première et entière, dégagée de toutes les gangues et scories des commentateurs, est-elle transmise aux phap actuels ? Comment ceux-ci la communiquent-ils à leurs adeptes, qui sont des successeurs désignés de leur vivant ? Par quelle pratique obtiennent-ils le pouvoir correspondant à cette science ? Sur quoi et sur qui exercent-ils cette puissance mystérieuse ? Voilà parmi les questions qu'on serait en droit de poser, les seules auxquelles on n'est point en droit de répondre ; ceux qui réfléchissent pourront trouver d'autant plus d'éloquence à ce silence, qu'on ne cache point qu'il est dû à des obligations morales, et aussi à un certain instinct de conservation. On comprendra facilement que, suivant le précepte oriental, tout n'est pas fait pour être divulgué, et qu'on n'est vraiment digne d'obtenir la connaissance que quand on est capable de la découvrir soi-même. Il est d'ailleurs bien d'autres questions sur lesquelles on peut, sans dangers ni réticences, appeler l'intérêt occidental ; celle-ci notamment : quelles sont, dans les trois mystérieux collèges que je viens d'énumérer, les sciences enseignées et mises en pratique ? Je puis affirmer que tout ce qui suit n'a pas encore été exprimé ni écrit.

(1) Pour les symboles de la métaphysique chinoise, consulter les Annales de la Société d'ethnographie *Mémoires du Comité sinico-japonais*, XIX, pp. 179 à 218. Paris, 28, rue Mazarine.

Dans le collège des Tongsang (et j'emploie le mot *collège* dans le sens large d'institution traditionnelle), on ne reçoit que les docteurs, c'est-à-dire les savants reçus aux plus hauts grades de la hiérarchie non officielle des lettrés (les autres titres étant à la disposition des souverains). Ils ne sont admis au titre taoïste et à l'enseignement qu'après un plus ou moins long séjour, soit dans une retraite obscure, soit dans un de ces monastères éloignés que l'on nomme des « temples sans portes », où ils s'adonnent à des travaux mystiques et extatiques, et où la longue contemplation de l'univers les fait entrer au tréfonds des lois de la nature (1). De leur enseignement, que l'on vient chercher de fort loin, ils sont les maîtres et les dispensateurs absolus; et leurs cours (si l'on peut employer ce mot pour les conversations qu'ils tiennent à la mode platonicienne), sont publiés suivant la composition de leur auditoire : ils les modifient, les augmentent ou les tronquent; à cause parfois d'un seul auditeur suspect, leurs lèvres demeurent closes. Ils sont tout à fait indépendants et tout à fait responsables aussi, non seulement au point de vue dogmatique, mais encore sous le rapport politique ; et c'est à eux qu'il incombe de ne pas laisser tomber dans des oreilles ennemies ou espionnes les propositions qui pourraient troubler le repos de ces écoles tolérées, mais non officielles.

Les tongsang choisissent généralement leur demeure dans de gros villages (8 à 10.000 habitants) à

---

(1) Pour ce qui concerne l'enseignement du « Temple sans portes », consulter *l'Autre Côté du Mur* (chap. v et xiv), chez Chamuel, 5, rue de Savoie, Paris.

distance raisonnable des villes, dans un pays facile à l'existence, assez retirés pour n'être pas en butte aux importuns, assez voisins toutefois des communications pour ne pas imposer de trop longs voyages aux auditeurs.

L'enseignement public des tongsang réside spécialement dans la lecture, la paraphrase, et les applications des livres sacrés du taoïsme dogmatique, qui sont : le Tao, ou la Voie (détermination du Principe primordial éternel, et de la modification temporaire où l'humanité se trouve par rapport à ce principe) ; le Te, ou la Vertu (état intellectuel qui convient à la modification humaine) ; le Kan-ing, ou les Récompenses et les Peines (mouvements que les actions humaines impriment aux atmosphères extérieures, et sanctions logiques qui en résultent).

Je n'ai pas la place pour indiquer jusqu'à quels développements peut aller un tel enseignement : on voit toutefois qu'il renferme l'étude synthétique de tout ésotérisme, depuis la genèse humaine spéciale jusqu'aux conséquences que l'action humaine réfléchie crée, dans l'avenir, pour les genèses futures, auxquelles les livres sacrés, sauf le second, sont déclarés également applicables (1). Toutes les sciences métaphysiques en sont, par le fait, abordées et éclaircies. Ce n'est pas là, bien entendu, toute la science du tongsang ; mais, vu la publicité, c'est la seule qu'ils enseignent.

Le collège des « phutuy », qui vient au-dessus des

(1) Dogme chrétien du péché originel.

tongsang dans le rite taoïste, est un collège fermé et sans élèves, où l'on n'enseigne pas, et où seulement on étudie. Chaque phutuy vit isolé, sinon de corps, du moins d'intelligence. Car c'est ici le degré de science que l'on doit acquérir par soi-même, *et que l'on n'acquiert jamais par un autre, à moins de contrevenir à la loi.* Les livres sacrés qu'expliquent les tongsang sont les compagnons de chevet des phutuy. *Mais ils les lisent autrement :* et cet autre mode de lecture, ils doivent le trouver eux-mêmes, en déduction de celle qui jadis leur a été enseignée. Dans la réflexion, la solitude, et, parfois dans l'extase, le phutuy arrive à l'oubli complet de son corps, et à la concentration de toutes ses forces sur son intelligence seule. Ne parlant pas, n'enseignant pas, il n'est ni dilué ni diversifié, et la tension de sa volonté l'amène aux plus hauts sommets, enveloppé dans le manteau de l'isolement et de l'indifférence. Il faut noter qu'il étudie, pour s'en rendre maître, les lois et les secrets de la nature, et qu'il commande absolument, comme à son propre corps, aux choses extérieures.

Une moitié à peine des tongsang s'adonne aux dures pratiques des Phutuy, après quoi la plupart reviennent à enseigner les livres, fonction infiniment moins pénible et plus éclatante que la mystérieuse et ingrate obscurité du phutuy, dont on se sert parfois, mais qui ne commande jamais. Aucun avantage public ne sort de ce collège intermédiaire, qui n'est, pour employer la langue de Laotseu, qu'un échelon entre la Science et la Sagesse.

Mais, lorsque, par suite d'études ininterrompues,

d'une ascèse mystique couronnée de succès, le phutuy persévérant dans le bien se voit mis en possession des secrets et des forces de la nature : lorsque, fort de de sa volonté, il rompt les dernières attaches qui le reliaient encore obscurément au monde, il monte alors spontanément au sommet de la hiérarchie, devient « phap » ; et ce volontaire, ignoré des hommes, peut alors réapparaître parmi eux, éclatant de sagesse et de puissance.

Le phap n'est plus un dogmatique comme le tongsang, ni un contemplatif comme le phutuy, ni un sédentaire comme les membres des autres degrés. c'est essentiellement un actif et un errant : sa dignité lui fait un devoir de l'activité, et son activité lui fait une nécessité de l'instabilité. On saisira peu à peu la corrélation de ces obligations. Le phap est un être puissant et vénéré, de qui l'admiration craintive du peuple double l'influence effective. (Rapprocher cette énonciation du récent passage de Stanislas de Guaita : *les Mystères de la multitude.*) Il n'a point de domicile fixe ni de terres ancestrales, son vœu l'astreignant au détachement terrestre le plus complet.

Outre les livres sacrés, le phap possède les secrets de la toxicologie hiératique des Chinois anciens, toxicologie de laquelle je donnerai peut-être un jour de curieux détails (spécialement sur les poisons végétaux, sur leur condensation en poudres impalpables sans odeur, ou en gouttes insapides et incolores), et qui forme un redoutable arsenal aux mains de ceux qui savent en jouer.

Le phap possède les anciens traités de phrénologie

et de chiromancie, condensés en quelques pages substancielles, et illustrés par de très anciens et religieux artistes, dont la science, à la fois naïve et profonde, ferait l'admiration publique.

Il possède le sens divinatoire du Yiking (premier livre sacré des Chinois, composé par les disciples de Fohi, environ huit siècles avant Moïse) ; il possède les très redoutables secrets médicinaux, qui font de la flore et des minéraux de la Chine tantôt une panacée merveilleuse, tantôt un terrible tréfonds d'embûches. Mais le véritable apanage du phap est la connaissance et la pratique des préceptes du Phankhoatu (1).

∴

LE PHANKOATU

Le Phankhoatu (littéralement : Livre des choses en retour) est mieux désigné sous le vocable plus général de : Livre du Revers. On le chercherait en vain sur les bibliographies des sinologues. L'Occident presque entier en ignore l'existence ; l'œil d'un étranger n'en a jamais déchiffré les caractères. Les phap seuls en possèdent chacun une reproduction, et le devoir du maître moribond est de la réduire en cendres. Le phap le plus ancien en conserve, écrit au pinceau au minium, sur les éclatantes feuilles moirées du Gio impérial, l'unique exemplaire qui ne doive pas être détruit, et sur lequel sont prises les copies, au fur du besoin.

---

(1) Les illettrés, par ignorance, et les chrétiens, par détestation, lui donnent le sobriquet de Phan-ac (livre des choses mauvaises, des sorcelleries, des fantasmagories).

On comprendra qu'il n'est pas aisé, pour un Européen, je ne dis pas seulement de voir ce livre, mais d'avoir une vague idée de son existence, et de ce qu'il contient. Il ne convient à aucun de ceux que le hasard ou les circonstances ont pu, tant soit peu, mettre au courant, d'en sembler connaître le texte. Mais on peut savoir que c'est là que sont réunis les plus redoutables secrets de la science extrême orientale, et que sont sommairement indiqués, comme dans un aide-mémoire, les moyens, pour les hommes, d'utiliser toutes les puissances.

Le Phankhoatu est divisé en deux parties, soit seize de ces livraisons ténues, que les sinologues connaissent bien. La première partie est comme un résumé des métaphysiques et des enseignements antérieurs ; elle sert d'introduction, et n'enseigne rien de nouveau. C'est de cette préface, narthex d'un temple fermé, qu'on peut seulement, pour l'intérêt général, extraire quelques phrases. Voici la traduction exacte — faite d'après les caractères du livre, et sur les indications d'un savant en situation — de la troisième page de cette préface, où l'on reconnaîtra sans peine, et avec admiration, la théorie androgynique, exprimée avec une énergie et une concision étonnante, et avec des oppositions de mondes et de mots qu'on ne saurait trop faire remarquer (1) :

« Tu adoreras ta gauche, où est ton cœur.

« Tu détesteras ta droite, où est ton foie et ton courage.

(1) Voir, pour détails, le *Te de Laotseu*, traduction exacte (Bailly, 11, Chaussée d'Antin). pp. 3 et 4.

« Mais tu adoreras ta droite, où est la gauche de ton frère.

« Tu adoreras la gauche de ton frère, où est son âme.

« Tu abandonneras l'âme de ton frère pour l'esprit de sa gauche.

« C'est ainsi qu'à ton sein gauche le Dragon te mordra.

« Et par sa morsure entrera Dieu.

« La voix, sans la parole : l'entendement, sans le son ; la vue, sans l'objet ; la possession, sans le contact :

« Voilà les gouttes de sang de la morsure.

« Prier avec des lèvres muettes, croire avec des oreilles fermées, commander avec des yeux soumis, prendre avec des mains immobiles :

« Voilà la morsure du dragon

« Le sommeil est le maître des sens et des âmes.

« Ainsi dort ta tête sur le cœur de ton frère.

« La gauche de son corps répond à la gauche de ton esprit.

« La droite de ton esprit répond à la droite de son corps.

« Que ta gauche pénètre sa gauche ; que ta droite soit pénétrée par sa droite.

« Ainsi ta pensée sera sa pensée, et son sang sera ton sang.

« La morsure du Dragon se cicatrisera ; il prendra son vol, vous serez invisibles dans ses ailes.

« Vous serez unis avec le ciel.

« Ainsi vous êtes deux, — et un, — et l'Ancien Dieu. » (P. K. T., Pf. § III).

La toxicologie occupe une des parties du Livre ; mais il ne s'agit plus ici de tous les poisons, ni même des poisons dont s'occupent les savants, à quoi j'ai fait allusion tout à l'heure, mais seulement de certaines essences, qui ne sont plus considérées là comme des toxiques, mais comme des *moyens ;* les chanvres, l'upa, les lianes coca, les sucs des lauriers et mancenilliers, des daturas, et, en général, de toutes les euphorbiacées. Une division est consacrée à l'emploi pratique des haschichs et opiums *spéciaux*, et à la description et à l'analyse des circonstances où il doit être fait tel ou tel usage de l'un de ces agents. On peut croire que des facteurs de telle importance ne sauraient être mis en jeu pour des buts futiles : et je pense que, au seul énoncé des plantes ainsi étudiées, on aura compris à quoi on les fait servir (1).

Les autres parties du Phankhoatu étudient, à un point de vue qui se laisse facilement entrevoir :

Les parfums, parmi lesquels le musc, le benjoin, la badiane, le ginseng, le micocoulier, le sandal et les fumées des essences, lianes, fougères, arborescences, et roseaux toxiques ;

Les phénomènes d'ordre inférieur ou intermédiaire, temporaire et superficiel, classés en Occident sous le vocable « Spiritisme » ;

L'établissement rationnel de l'existence des Forces errantes, puissances incoordonnées de l'âme des

(1) Je pense, l'année prochaine, avoir la possibilité d'appuyer sur ce point et de corroborer la théorie par une série d'observations personnelles, recueillies pratiquement dans le cours de six années.

choses, leur détermination, leur constitution fugace, et leurs singulières aptitudes ;

La façon de reconnaître leur voisinage, le moment favorable à leur captation et les moyens de cette captation ;

Le mode d'emploi des dites forces, la détermination des buts pour lesquels il est licite de les faire agir : leur retour à leur état errant et vague (décoagulation).

La démonstration de la possibilité effective de l'extérioration humaine entière ; l'entraînement préalable, la préparation matérielle, les adjuvants physiques, les Rites et les précautions indispensables, avant, pendant et après l'opération, les lieux propices ;

Les dangers de ces pratiques, le péril volontaire de l'opérant, l'empire des puissances étrangères ou des puissances adéquates mal dispersées après l'emploi, les vésanies spéciales résultant de ces cas spéciaux, et leur guérison par un tiers, au détriment d'un tiers, les phénomènes du choc en retour.

Les rites, la détermination astronomique des époques favorables (sorte de *Lévitique* liturgique du taoïsme).

La puissance sur la nature (monde inférieur), les pouvoirs sur les semblables (monde moyen), les influences sur les indéterminés (monde supérieur) ;

La Divination :

L'Evocation :

La Naissance, et les lois qui président à l'acte de la Conception ;

La Mort, et les lois de la Mort heureuse ;

Il est inutile — et peut-être importun — de donner des détails sur ces derniers chapitres.

*
* *

Telle est la hiérarchie actuelle, la science, les devoirs du taoïsme ésotérique. J'ai dit tout à l'heure que ces rites assez compliqués et ces pratiques secrètes s'accomplissaient dans le plus profond mystère, et que les formules s'étudient avec les plus grandes précautions, parmi lesquelles la première est la solitude. Ces dynamismes, auxquels les Européens ont donné des noms divers (électricité, magnétisme, polarisation, hypnose et envoûtement de Rochas, forces vitales de Baraduc, suggestion, extérioration, etc.), sont expérimentés loin de toutes indiscrétions ; et les Maîtres seuls possèdent la clef ouvrant l'accès de ces dangereux trésors. Les disciples sont tenus au secret ; voilà donc une association parfaitement fermée. Ces groupes fermés, liés par un serment rituel, commandés par des hommes d'une extraordinaire intelligence, à qui la doctrine de Laotseu ordonnait le mépris des rois et des grands, étaient un noyau tout trouvé pour les mécontents de toute sorte, qui cherchaient à réunir et à coordonner leurs sentiments. Pour gagner à leur cause le taoïsme, qui en faisait partie déjà théoriquement, les mécontents se firent taoïstes, et le mélange des mystiques dédaigneux et des politiques dissidents est aujourd'hui complet. Les maîtres de l'enseignement sont devenus des chefs de parti.

Le rite à la suite duquel les phap cumulent ces deux redoutables fonctions, a été déjà une fois publié en Europe ; c'est pourquoi je ne m'engage en rien en le reproduisant ici. Ils prennent, dans un temple, une statue consacrée de la *déesse* Quang-Am, la peignent de laque *blanche*, et l'enfouissent en travers du seuil de leur demeure. (Formule : *An lau do thuong bach Phât xâ ghi.*) J'évite de donner ici la traduction de cette formule, et je laisse aux esprits inventifs le soin de dégager le sens exprès du symbole. Et je me contente de donner quelques détails inédits sur les causes sociales de la formation des groupes que dirigent ceux dont je viens de parler, et sur quelques résultats obtenus dans la politique générale de l'Empire, avec le regret de ne pas m'étendre davantage sur l'émission extérieure de leurs pouvoirs, et sur leur mode de fonctionnement.

* *

On sait que, en Chine et en Indo-Chine — les deux pays jaunes où fleurissent le mieux les sociétés secrètes — les dynasties nationales ont, dès longtemps, été renversées, et végètent dans l'exil, entourées de souvenirs légendaires et d'ambitions vagues. Depuis tantôt six cents ans, le Céleste Empire, envahi par les Mandchoux fils de Gengiskan, est gouverné par la descendance de ses conquérants. Pas une fonction importante de la Cour, depuis la place suprême jusqu'à celle du dernier interprète, n'est laissée aux aborigènes. Et, bien que, depuis longtemps, la race vaincue, plus intelligente, nombreuse et immalléable, ait absorbé la race victorieuse, la colère, qui bouleversa, à la chute des empereurs, la race chinoise, subsiste encore aujourd'hui par ses effets.

C'est au quatorzième siècle, six cents ans après la persécution de Shi Hoangti, dont le taoïsme sortit triomphant, et dix-huit cents ans après l'apparition de Laotseu (637 av. C.) qu'eut lieu la conquête mandchoue. Exactement à la même époque, dans la presqu'île sud de l'Asie, sous les coups des Birmans et des Siamois, s'écroula l'empire Khmer, au Cambodge, et disparurent les Rois Rouges, qui régnaient à Angkor, la ville aux mille palais, dont les ruines, entassées en un cercle de 72 kilomètres de tour, remplissent aujourd'hui encore les visiteurs d'un respectueux émerveillement. Oppressées par les vainqueurs, les races se jetèrent aux sociétés secrètes (qui jusqu'alors existaient suivant le mode mystique, magique et politiquement théorique de Laotseu), de qui elles espéraient la consolation de leurs douleurs et l'entretien de leurs espérances; et c'est de cette époque, fertile en conspirations, que les mystérieuses associations étendirent sur l'Asie jaune tout entière une *griffe* aujourd'hui toute-puissante, et qui jamais plus ne desserrera son étau.

Vers le milieu du dix-huitième siècle, l'Annam, demeuré jusque-là plus tranquille, grâce aux Lê, rois glorieux de la dynastie nationale et libératrice, tomba dans les révolutions intestines, que, dès 1780, la France attisa : de là sortit une nouvelle dynastie, celle des Nguyên, celle-là cochinchinoise, contre laquelle se dressa la péninsule entière, et qui ne dut de rester sur le trône qu'à la complicité de l'étranger. Les mouvements de piraterie dont le protectorat français souffre aujourd'hui au Tonkin sont issus de ce cataclysme politique, et c'est de là aussi qu'il faut compter l'entrée des Tonkinois et des Annamites dans les sociétés secrètes spéciales, qui réunissent tout bas, contre les gouvernements que les hasards leur ont imposés, les peuples de race jaune. Voilà la cause première de l'extension formidable des sociétés secrètes en Chine et en Indo-Chine : sans doute, maints de ceux qui en font partie aujourd'hui ne font pas remonter leur adhésion à ce prétexte reculé. Néanmoins c'est là une raison primordiale des associations, et c'est là que nous devons rechercher et saluer leur puissant essor.

Une autre cause, et de tous les temps, réside dans le caractère même de la race. On sait que le sentiment commun à tout Chinois est celui de la solidarité (*gen*). Cette solidarité s'exerce, entre nationaux, de la façon la plus ingénieuse (établissement des raisons sociales multiples, extinction du paupérisme par le partage de certaines terres, prêts d'argent sans intérêts, etc.). Mais, à cause des qualités prolifiques de la race, un grand nombre de Chinois s'expatrient chaque année. Que devient, hors des frontières, la solidarité ? L'empire chinois n'a ni le goût ni les moyens de protéger ses sujets émigrés. Et pourtant le Chinois exilé, isolé, conserve toujours le désir ardent d'être relié à son pays et de réintégrer finalement la terre natale, dans laquelle ses plus anciennes traditions lui ordonnent d'être inhumé. Le lien qu'il ne trouve nulle part ailleurs, les sociétés secrètes le lui fournissent : il n'est pas, hors de l'Empire, un Chinois qui ne fasse partie de l'une ou de l'autre, et plus spécialement de celle qui représente et soutient dans tout l'Univers les intérêts de la race.

Enfin le système gouvernemental, préconisé par les sages, et mis en pratique par les souverains, laisse la plus grande indépendance aux fonctionnaires, et le moindre recours possible à l'administré : pour jouir à bon droit d'une telle autorité et d'une telle liberté, il ne faudrait que des fonctionnaires honnêtes ; malheureusement, il n'y en a que peu, et l'Empire fourmille des abus les plus criants. Ici encore les sociétés secrètes sont les naturelles protections des gens lésés, qui ne peuvent, à cause des règlements, demander réparation nulle part. Et la crainte qu'elles inspirent arrêtent bien des magistrats dans leurs prévarications.

Etant données ces trois causes, on ne s'étonnera plus de l'énorme influence des sociétés secrètes, ni que ces associations comptent en Asie plus d'adhérents qu'il n'y a d'habitants en Europe.

* * *

Aux deux besoins de la race, solidarité, protection, répondent deux associations, l'une qui réunit les Chinois de Chine aux émigrés ; l'autre, dont les tendances satisfont à la *cause première* de son établissement.

Je ne parlerai pas ici des deux grandes associations, dont d'autres que des Chinois peuvent couramment faire partie, dont l'une, celle qui s'étend au nord, est déjà connue en Amérique et en Europe, et dont l'autre, au sud, comprend Malaca, la Malaisie, les colonies hollandaises et espagnoles, qui prend sa part du soulèvement des Philippines, et qui porte le nom général de *Griffe*. C'est à cette dernière qu'appartenait le Français Marie de Mayréna, qui fut un instant roi des Sédangs, et qui périt mystérieusement, pour avoir contrevenu à ses serments, sur un point désert de la côte de Bornéo. De ces deux sociétés, le Père Huc, d'autres missionnaires et des voyageurs ont déjà suffisamment parlé.

Il en est deux autres, mieux cachées, plus chinoises, et de buts et de moyens tels qu'elles ont attiré sur elles les foudres des lois : ces lois proscrivent à la fois leur but politique et leur but mystique.

Voici le texte du code promulgué en 1811 par le roi Gialong :

« Toute personne qui se permettra *d'adorer le ciel* ou les étoiles. et qui *brûlera des parfums* pendant la nuit, ou qui allumera les sept lumières célestes, sera punie de 80 coups de bambou.

« Si un bonze ou un prêtre du Tao, après le jeûne, *écrit une invocation* au ciel, ou s'ils adressent, avec une invocation, un sacrifice *à l'esprit du feu*, il sera condamné à 80 coups, et déchu de sa dignité.

« Tout individu qui exerce des arts magiques, dit qu'il commande aux bons ou aux mauvais génies, qui *tracera des signes* cabalistiques. qui *préparera des charmes* au moyen de l'eau, prédira l'avenir, adorera les faux saints *ou appartiendra à la société du Nénufar blanc* ou *à celle du Véritable Ancêtre*, ou professera toute doctrine étrangère ou erronée, ou qui. *brûlant des baguettes parfumées* devant des images des mauvais génies, réunira des gens pour saluer ces images durant la nuit, sera condamné *à la strangulation ;* ses complices, à 100 coups de rotin et à l'exil lointain. »

(*Lois du royaume*, livre VI ; *lois rituelles*, Ire partie, sections 4 et 6.)

Il faut remarquer que, dans la suite de cet article, on ordonne des sacrifices aux esprits des montagnes, des eaux, du vent, des nuages, du tonnerre, de la pluie, toutes choses qui, dans la genèse cosmogonique, sont considérées comme des produits conséquentiels de l'activité du ciel, qu'il est interdit d'honorer publiquement.

« Toute personne qui aura en sa possession un livre d'astrologie sera puni de 100 coups de bambou.

« Il est interdit aux devins et aux maîtres de la science des éléments de fréquenter la demeure des mandarins, pour s'y entretenir de la destinée bonne ou mauvaise de l'Etat. Ils ne sauraient se servir des livres que pour pronostiquer le sort des particuliers. Toute contravention sera punie de 100 coups de bambou. »

(*Loco citato : lois rituelles*, IIe partie, sections 3 et 15.)

Les sociétés condamnées par ces textes, sont :

A.—Le Thiendiânhiên (littéral : ciel, erre, homme), société de notre *Véritable Ancêtre* qui fut le ciel, dont le nom, participant des trois mondes, indique son but généralisateur, coordonnateur, et, par suite, sa recherche pratique de la solidarité.

B. — Le Bachlienhue (ou Hoasenchang), Nénufar blanc, dont le nom indique les tendances politiques et sociales, pour ceux qui connaissent la valeur du nénufar dans l'emblématique.

Tout Chinois qui en éprouve le besoin moral peut entrer dans la première de ces sociétés. Mais il ne participe, bien entendu, qu'à ses avantages, sans même avoir idée des devoirs et des responsabilités qui incombent aux chefs.

Le simple désir ne suffit pas pour entrer dans le Bachlienhue; il faut savoir et pouvoir: Savoir l'interprétation des caractères, le sens extérieur et intérieur des Livres sacrés, le tréfonds de l'enseignement taoïste, et la pratique de quelques rites et formules: pouvoir agir en toute indépendance, garder sa liberté d'action, atteindre aux lieux et aux personnes qui peuvent désigner les circonstances, et rompre, au moment voulu, toutes attaches sociales et même humaines. Il n'est pas besoin d'être Chinois pour entrer au Nénufar blanc, mais il n'a aucun but immédiat, du moins hors de la Chine. Cette société peut avoir des membres hors d'Asie, mais elle n'y institue pas de représentants officiels.

Les signes de reconnaissance sont doubles: ils comportent les signes des autres associations, la griffe et le double empaumement, et ensuite un signe très ingénieusement emprunté à une religion étrangère.

Malgré les interdictions et les poursuites dont elle est l'objet, cette Société forme en Chine l'unité la plus redoutable, et elle a mis son empreinte sur tous les grands événements de ce siècle, qui ont associé l'Occident à l'Orient. C'est donc ici que je voudrais faire comprendre, par comparaison, qu'une société secrète bien associée et bien secrète peut et doit arriver à déterminer les actions des citoyens et même des pouvoirs publics qu'elle bat en brèche, et qui la pourchassent en proscrivant ses adhérents : ceci sans bruit et sans argent. Sans s'appesantir sur d'autres raisons d'ordre particulier, il faut affirmer qu'une association n'atteindra un tel but que si elle accepte seulement ses membres après un sérieux examen préalable, portant : 1° sur la science acquise par le postulant, après les études faites sous la direction de maîtres adéquats ; 2° sur le caractère personnel du postulant, la valeur qu'on peut attribuer à son énergie, à sa volonté, à son activité, à son individualité tout entière, et sur les passions que peut révéler son passé ; 3° sur la faculté qu'a le postulant de comprendre et de recevoir l'enseignement qui l'attend encore, et sur la façon didactique et pratique plus ou moins parfaite dont il en saura profiter Tous ceux qui ne satisfont pas absolument à ce triple examen doivent être exclus.

Enfin le but ne sera atteint que si les membres sont liés entre eux et à l'Association par les liens les plus étroits et les plus inconnus, si le silence et le secret sont rigoureusement exigés et observés, et si l'obscurité la plus complète entoure les actes de l'Association et l'existence de ses directeurs. Une société secrète, dont le chef est connu, abdique toute prétention politique et extérieure, et n'est plus — à ce point de vue — qu'une compagnie de gymnastique intellectuelle ou qu'une assemblée de conférenciers. Qu'on applique ce qui précède à l'ancienne Rose-Croix et aux Francs-Juges, et à la franc-maçonnerie actuelle d'autre part : on verra où conduit l'observation ou l'oubli de ces règles, et l'on ne s'étonnera pas de la précision de ces exigences et de l'apparente sévérité de ces appréciations.

*
* *

J'ai dit au commencement qu'il ne fallait pas se méprendre sur le contenu de cet article, et l'on comprendra cette précaution en voyant que je n'appuie pas davantage, et que je conclus par quelques notes sur le rôle historique du Bachlienhue. Le précepte que je viens d'invoquer est la meilleure cause de cette réserve.

Le Bachlienhue, où se réunissent tous les ennemis des étrangers, — même des étrangers qui sont à l'intérieur de l'Empire, — poursuit le rêve de l'hégémonie chinoise, ou mieux de la liberté de la race chinoise (car la philosophie chinoise exclut toute prépondérance d'une race sur une autre). De cette société partent les mouvements politiques intérieurs qui ont pour but de rendre la Chine à elle-même ; elle fut, au premier tiers de ce siècle, le foyer de cette formidable insurrection des Taïping qui conquit Nankin et le sud de la Chine, et faillit transformer le continent asiatique. L'insurrection des Taïping fut noyée dans le sang et le carnage ; les peuplades qui l'avaient soutenue disparurent dans les massacres ; et à ceux qui eurent grâce de la vie, les bourreaux impériaux arrachèrent les canines afin qu'on pût reconnaître publiquement les suspects. Il suffit de voir les proclamations de celui qui fut élu empereur à Nankin, l'exposé de ses réclamations à Péking, les hymnes qu'on lui chantait (et dont j'ai un exemplaire approuvé de son propre sceau), pour y reconnaître les doctrines politiques auxquelles je faisais allusion tout à l'heure, et pour ne pas douter que, si les Taïping eussent réussi, la Chine ne serait pas aujourd'hui la grande et solennelle endormie que nous connaissons.

Après la guerre, les mécontentements subsistèrent, et les mécontents se renouvelèrent. Il fallut les employer au dehors pour qu'ils ne devinssent pas dangereux au dedans. Les révoltes du Yunnan venaient à peine de finir, que commença l'invasion française dans l'Annam et le Tonkin. Les régions taïping étaient voisines de ces royaumes: les Pavillons noirs et jaunes, les Quangthôs de la vice-royauté de Canton, ce qui restait des Man et des partisans de Lihungchoï s'unirent pour repousser, au nom des principes de la solidarité, le nouvel envahisseur. La dynastie de Péking fut ici d'accord avec les associations dans leur effort, et c'est peut-être là ce qui l'embarrassa et le contraignit. Mais la guerre que la France eut à soutenir au Tonkin, depuis la prise de Hanoï par Rivière, jusqu'au déblocus de Tuyenquang par Giovaninelli, fut une lutte d'influences secrètes. L'histoire le prouve, sans le vouloir.

Il n'y eut pas un général chinois à cette guerre : le vice-roi de Canton ne bougea pas de chez lui ; et le vice-roi du Yunnan mit tant de temps à rassembler ses troupes, que la paix était signée à Tientsin avant qu'elles eussent apparu sur le théâtre de la guerre. Les réguliers chinois, qui ne sont jamais réunis en armées permanentes, furent enrôlés comme subrepticement, et mis sous les ordres d'autres chefs que leurs chefs normaux. Le maître de cette guerre fut Luuvinhphuoc, chef des Pavillons noirs, à qui Péking envoya pour la forme le titre de général, et qui était, depuis plusieurs années, hoangiap (titre scientifique le plus élevé, réservé aux hommes illustres par leur pouvoir). Les légendes populaires lui avaient appliqué l'horoscope de l'étoile de Tranuyen, étoile à sept rayons qui paraît à la naissance des libérateurs et des sages parvenus à l'extrême degré de la sagesse. On peut conclure, de cette application, le rôle que jouait Luuvinhphuoc et le rang qu'il occupait dans les associations (1). La paix signée avec la Chine, et Luuvinhphuoc institué deuxième vice-roi de Canton, la guerre contre la France continua, sous le commandement de plusieurs membres de la souche Hoang, une illustre famille taoïste, et dura plusieurs années encore sur l'ancien élan. Peut-on même dire qu'elle soit aujourd'hui complètement terminée, ou endormie seulement grâce à des circonstances extérieures ?

En effet, la guerre sino-japonaise est venue donner aux sociétés un nouvel aliment d'action : cette action ne fut pas celle qu'on peut croire. Tandis que les guerres du Tonkin étaient une lutte de peuple à peuple, les associations savaient bien que c'était sur Péking que les Japonais dirigeaient leurs attaques :

---

(1) Pour toute cette guerre, comme pour les Hoangiap, les Tranuyen, etc., consulter *l'Autre Côté du mur*, à paraître chez Chamuel, en janvier 1897.

elles savaient surtout que jamais l'Europe ne permettrait le démembrement de la Chine au profit d'une puissance jaune et nouvelle. Il n'y avait donc là qu'une guerre dynastique, et peut-être l'occasion de se débarrasser de la dynastie. Et l'on peut croire que les Japonais — gens très belliqueux et bien préparés, mais très vaniteux et mal renseignés — n'eussent pas eu la marche si facile, si les associations ne leur avaient préparé, à chaque pas, des guides, des vivres et des victoires. Les généraux du Petchili furent vaincus, l'armée chinoise ne parut pas ; et il y a une notable partie de l'Empire — celle où passa cet été la mission lyonnaise Madrolle — qui ignore même qu'il y ait eu guerre et invasion dans le nord de la Chine. Pour le monde chinois, il n'y a eu là qu'un incident local, d'une importance bien inférieure à la révolte des Taï-ping. Grâce à l'Europe, la dynastie mandchoue demeura sur le trône. Et pas un pouce de l'Empire territorial ne passa aux vainqueurs.

Mais il est un fait bizarre, dont nul encore n'a donné l'explication. Par un oubli impardonnable de la diplomatie française, l'île de Formose fut abandonnée au Japon. S'est-on demandé pourquoi les Japonais, vainqueurs immédiats d'un immense empire, n'ont pas pu depuis deux ans de luttes continuelles et de grands sacrifices. se rendre maîtres d'une île qui n'a pas 500.000 habitants ? C'est que le secours mystérieux qu'ils trouvaient dans leur marche sur Péking et qu'ils eussent trouvé jusqu'au pied du trône, leur a fait ici défaut. Arracher Formose à la Chine, c'est *contrevenir à la solidarité*. Ajoutons à cela que Formose est le refuge des anciens Pavillons, et dépend du ressort militaire de Luuvinhphuoc, et on saura pourquoi Formose d'abord s'érigea en République, puis se révolta tout entière. Voilà pourquoi, comme jadis l'amiral Courbet isolé dans le seul port de Kelung, les Japonais sont réduits à rester aux portes de leur possession nouvelle, ne pouvant y introduire un soldat ni un fonctionnaire, et pourquoi, malgré le temps et les traités, Formose demeurera la propriété, non de la Chine, mais des Chinois.

Aujourd'hui donc, pour l'homogénéité chinoise, le Grand Ancêtre et le Nénufar sont en lutte contre un empereur victorieux et contre le consentement de l'Europe entière : et nul ne doute que cette lutte ne se prolonge, à l'avantage perpétuel des associations. Quel but plus noble, quelle action plus éclatante peut-on proposer à des hommes ? Pour exciter l'émulation par un résumé frappant et persuasif, je pourrais, dans ce qui précède, chercher le mode sonore d'une conclusion: Je trouve celle-ci suffisamment éloquente, et je la propose en exemple à tous ceux qui, ayant travaillé et appris, veulent de ce travail et de cette science faire profiter leurs frères par le monde épars.

6-8-6. — Tours, Imp. E. Arrault et Cie.

www.ingramcontent.com/pod-product-compliance
Lightning Source LLC
LaVergne TN
LVHW052028170826
845678LV00018B/1053

* 9 7 8 2 3 2 9 6 5 5 2 7 7 *